FRANCISCO FAUS

A LÍNGUA

4ª edição

@editoraquadrante
@editoraquadrante
@quadranteeditora
Quadrante

QUADRANTE

São Paulo

2023

Copyright © 1994 Quadrante Editora

Capa
Provazi Design

Dados Internacionais de Catalogação na Publicação (CIP)

Faus, Francisco
   A língua / Francisco Faus — 4ª ed. — São Paulo: Quadrante, 2023.

   ISBN: 978-85-7465-509-3

   1. Virtudes 2. Vida cristã 3. Caridade I. Título

CDD-240

Índice para catálogo sistemático:
1. Virtudes : Vida cristã 240

Todos os direitos reservados a
QUADRANTE EDITORA
Rua Bernardo da Veiga, 47 - Tel.: 3873-2270
CEP 01252-020 - São Paulo - SP
www.quadrante.com.br / atendimento@quadrante.com.br

SUMÁRIO

PENAS E GLÓRIAS DA LÍNGUA 5

PALAVRA E AMOR - A PONTE
DAS PALAVRAS 15

JUÍZOS E PALAVRAS 31

LÍNGUAS COMO ESPADAS........................ 45

PALAVRA E VERDADE - A PONTE
DA VERDADE 65

A MENTIRA DO «MUNDO»........................ 71

A LÍNGUA MENTIROSA.............................. 87

A VERDADE RESGUARDADA..................... 103

TOCHAS NA ESCURIDÃO 119

PENAS E GLÓRIAS DA LÍNGUA

Como uma charada

— Vamos ver se mata a charada!

— Vamos ver...

— O que é um fogo que incendeia e, ao mesmo tempo, é água profunda; que está cheia de veneno mortífero, mas pode ser chamada favo de mel e árvore da vida que produz a cura; que tem o corte incisivo de uma navalha afiada e, simultaneamente, é bênção e fluente doçura; e que, sendo uma espada, é também o instrumento do hábil escritor que transmite sabedoria?

— Não está fácil... Deixe-me pensar um pouco.

Pode ser que, neste instante, algum leitor impaciente não consiga assistir passivamente ao diálogo e queira intervir:

— Eu matei! É a língua!

— Bem — poderíamos retrucar-lhe —, não foi difícil arriscar essa resposta depois de ter lido o título desta obra. Naturalmente, você pensou: o autor está querendo introduzir o tema com uma adivinha que chame a atenção, coisa nada difícil em se tratando de um membro tão versátil, contraditório e polifacético como a língua.

— Mas por acaso não foi isso o que pretendeu? Não se pode negar que tem engenho...

— Concordo com a pretensão, mas não com o resto... Não atribua o mosaico de símbolos e o aparente *nonsense* dessas imagens à minha imaginação febril ou fecunda. Devo confessar que as comparações são todas elas copiadas; são, de alto a baixo, um plágio, e um plágio consciente. Acontece, porém, que, neste caso concreto, o autor das comparações deseja ardentemente ser copiado... Mais ainda, providenciou que ficasse tudo escrito para poder ser copiado; quanto mais copiado, melhor.

— Como assim?

— O autor é Deus! Todas as figuras e símbolos entrelaçados na charada que o leitor houve por bem interromper estão tirados da Bíblia, que os aplica especificamente à língua... Se quiser um trocadilho tão verdadeiro como as citadas figuras, eu lhe diria que a Bíblia — isto é, o seu divino Autor —, por assim dizer, não encontra palavras para expressar tudo o que, de bom e de mau, pode ser dito da língua humana e do precioso instrumento da palavra que Deus nos deu...

Metáforas

Veja bem como é realista o que essas comparações manifestam, mesmo limitando-nos a escumar agora algumas metáforas sobre a língua que, em boa parte, depois haveremos de considerar com mais vagar.

Não é exato dizer, por exemplo, como São Tiago, que *a língua é um fogo..., e sendo inflamada pelo inferno, incendeia o curso da nossa vida* (Tg 3, 6)? Quantas vidas não conhece que a língua própria ou alheia reduziu a cinzas: umas vezes, foi o incêndio provocado pela calúnia brutal que estraçalhou um prestígio; outras, uma palavra ofensiva, repetida entre marido e mulher tantas vezes, que acabou por desfazer um lar?

Mas também é verdade, como diz belamente o livro dos Provérbios, que *as palavras da boca de um homem são águas profundas* e que *a fonte da sabedoria é uma torrente transbordante* (Pr 18, 4). Pense somente nas águas profundíssimas, luminosas, vivificantes e curativas que foram e continuam a ser para os homens as palavras de Cristo. Pense no que significam ainda para muitos as palavras ardentes dos que vivem sinceramente da fé de Cristo.

E para lembrar imagens da «charada», veja se não têm razão os Provérbios ao afirmarem que *as palavras agradáveis são como um favo de mel, doçura para a alma...* (Pr 16, 24). Não vai dizer-me que nunca teve a felicidade de experimentar isso na sua vida... Há palavras cuja influência doce e benfazeja não se esquece jamais.

Da mesma forma, todos nos sentimos atingidos quando ouvimos São Tiago — grande invectivador da má língua! — dizer sem rebuços que *a língua... é um mal irrequieto, cheia de veneno mortífero* (Tg 3, 8). Será que não experimentamos já a maligna comichão de falar o que não devemos, o que antes mesmo de tê-lo dito, deixa na boca o sabor do veneno que a nossa língua se dispõe a instilar...?

Ao lado disso, certamente não faltaram ocasiões felizes — pela bondade de Deus — em que a nossa língua teve o belo privilégio de curar, de dar *saúde* às feridas (cf. Pr 12, 18), tanto às provocadas por nós mesmos como às causadas por outros; e então a nossa boa língua foi *uma árvore de vida* — porque alimentou esperanças, revigorou o amor, levantou, reabilitou —, ao contrário da *língua perversa, que corta o coração* (Pr 15, 4) como uma *navalha afiada* (Sl 52, 4).

A boca e o coração

Quantas coisas não se podem dizer da língua, das suas elevações e abismos, das suas contradições! Basta respigar por cima, como acabamos de fazer, na Sagrada Escritura, para dar razão ao sentido pesar com que São Tiago escreve: *Com ela* [com a língua] *bendizemos o Senhor nosso Pai, e com ela amaldiçoamos os homens, feitos à semelhança de Deus. De uma mesma boca procedem a bênção e a maldição. Não convém, meus irmãos, que seja assim! Porventura lança uma fonte por uma mesma bica água doce e água amarga? Acaso, meus irmãos, pode a figueira dar azeitonas ou a videira dar figos?* (Tg 3, 9-12).

São palavras bem sentidas do Apóstolo, que apontam — falando sempre com imagens plásticas, como Jesus — diretamente para a "fonte", para a raiz de onde brotam os bons e os maus influxos da língua. Trazem à memória os ensinamentos de Cristo: *Uma árvore boa não dá frutos maus, uma árvore má não dá bom fruto, porquanto cada árvore se conhece pelo seu fruto. Não se colhem figos dos espinheiros, nem se apanham uvas dos abrolhos. O homem bom tira coisas boas do bom tesouro do seu coração, e o homem mau tira coisas más do seu mau tesouro, porque a boca fala daquilo de que o coração está cheio* (Lc 6, 43-45).

Se quisermos uma *chave* para tudo quanto se possa dizer acerca da língua, estas últimas palavras de Jesus nos dão. Elas serão como que um pano de fundo para todas as reflexões que virão a seguir e que visam contemplar a *língua* com olhos cristãos.

E, a propósito disto, vem-me à memória uma lembrança da infância, que é comum com certeza a muitos outros um pouco menos jovens. Quando — coisa não rara num garoto — irrompia uma indisposição intestinal que ia um pouco além do trivial cotidiano, aparecia em casa o doutor, essa figura impagável e inesquecível do médico de família. O dr. Henrique, sempre um pouco despenteado *à la* Einstein, invariavelmente, após informar-se dos sintomas e das possíveis causas («que andou comendo este moleque?»), ordenava: — Mostre a língua! Tire a língua! E as crianças sabíamos que, das tonalidades da pequena língua esbranquiçada e às vezes sulcada de estranhos regos, o doutor amigo tiraria conclusões certíssimas, que se traduziriam numa receita indecifrável para todos, exceto para o honesto farmacêutico que a manipularia.

Penso que o Senhor poderia dizer-nos também, como Médico divino: «Mostra-me a língua, e eu te farei ver o teu coração, porque as tuas palavras — com as suas mil tonalidades, cargas, intenções e acentos — são um *retrato falado* do teu coração: dos teus sentimentos mais íntimos, das tuas purezas e sujidades, dos teus tesouros espirituais e das tuas carências lastimáveis. Não te esqueças nunca de que a boca fala daquilo de que o coração está cheio».

Mostrar a língua, ver a língua e as suas fontes, procurar o modo de limpá-la, de elevá-la aos níveis do amor cristão e de torná-la instrumento da caridade e da verdade de Cristo: eis o objetivo a que se propõem estas páginas. Nelas começaremos com algumas considerações sobre a língua — a palavra — e o amor, para passarmos depois a uma reflexão sobre as relações indissolúveis que deve haver entre a palavra e a verdade.

PALAVRA E AMOR

A PONTE DAS PALAVRAS

Dois versos de uma canção

Uma canção popular, que já começa a ter a pátina do tempo, exalta em versos simples — daqueles que nunca vão passar para uma antologia literária — o valor da palavra:

Palavra não foi feita para dividir ninguém.
Palavra é a ponte onde o amor vai e vem...

A alma exprime-se pelo corpo, e especialmente pela língua. «Sendo o homem um ser ao mesmo tempo corporal e espiritual, exprime e percebe as realidades espirituais através de sinais e de símbolos materiais. Como ser social, o homem precisa de sinais e de símbolos para comunicar-se com os outros, através da linguagem, de gestos, de ações» (*Catecismo da Igreja Católica*, n. 1146).

Nós *falamos*, comunicamo-nos uns com os outros de inúmeras maneiras. Quanto não diz com frequência um simples olhar, um sorriso levemente esboçado, um silêncio significativo, um gesto de paixão ou um aceno impregnado de afeto... Muitos são os caminhos da *linguagem* que interliga em comunhão alma com alma. Mas a grande *ponte* que Deus nos deu para nos comunicarmos entre nós — e para nos comunicarmos com Ele — é a palavra: palavra pensada, interior; palavra pronunciada; palavra publicada. É falando, conversando, escrevendo, que estamos a construir constantemente pontes de intercomunicação: por elas a nossa alma — a nossa vida! — vai passando, e chega até os outros, com toda a sua carga de alegrias e dores, de ódios e amores, de desconcertos e dúvidas, de enganos e desenganos, de perplexidades e certezas, de esperanças e ilusões.

É bom pensar no que significam, todos os dias, as nossas palavras. Constroem ou destroem? Enriquecem ou desgastam? Que fazemos diariamente com a língua? Talvez de súbito não saibamos responder, mas uma coisa é certa: fazemos *muito*; de bom ou de mau, mas fazemos muito.

Quando as palavras têm raízes no amor, são sempre fecundas. *Da abundância do coração fala a boca*. Muitos corações atenazados pelo erro, pela vergonha ou pelo desespero reergueram-se por *uma só palavra* (Mt 8, 8) de Cristo. Os olhos da mulher adúltera, cerrando-se para não ver as pedras com que os fariseus iam esmagá-la, recuperaram a luz perdida e se acenderam com claridades inéditas, mal ela escutou as palavras de perdão e alento de Cristo: *Vai e não peques mais!* (Jo 8, 11). Zaqueu, o arrecadador desonesto, sentiu o coração arrebentar-lhe o peito quando Jesus, ao passar junto dele, em vez de lhe espetar um remoque de desprezo, lançou-lhe uma palavra amiga: *Zaqueu, desce depressa, porque é preciso que eu fique hoje em tua casa* (Lc 19, 5). Pedro viu-se como um morto-vivo acabado de desenterrar quando Cristo, com a doçura do perdão na língua, em vez de recriminá-lo pela sua indigna traição, perguntou: *Simão, filho de João, amas-me mais do que estes?* (Jo 21, 15).

Palavras de compreensão, de perdão, de afeto, de estímulo; palavras que acordam, elevam, iluminam, desvendam erros, apagam dúvidas, apontam rumos; palavras de amor, compaixão e confiança, palavras-dom... Se quiséssemos, a nossa vida inteira, cada um dos nossos dias, poderia ser uma contínua chuva de palavras fecundas, capazes de suscitar vida, sem provocar tristezas, nem ira, nem ódio. Não há uma única situação, agradável ou constrangedora, não há uma só pessoa neste mundo que não possa fazer surgir, «do bom tesouro» do coração que verdadeiramente ama, uma palavra construtiva.

Já imaginamos o que seria a nossa vida se em cada instante fôssemos capazes de proferir a palavra *acertada*, toda ela impregnada de sinceridade e amor, sem sombra de malignidade, irritação, rancor, orgulho, rudeza ou desprezo? Não há dúvida de que, além de nos tornarmos a alegria de Deus, seríamos a felicidade dos homens. Já pensamos no que seria a «utopia» de um mundo em que as palavras faladas, emitidas ou impressas fossem apenas veículo da verdade e da caridade? Se a nossa fantasia tivesse um mínimo de asas, perceberíamos que esse mundo admiravelmente novo seria o próprio céu, pois não há um só mal no mundo que, de alguma maneira, não esteja fundido com a maldade das palavras.

Mas esse «admirável mundo novo» não existe, e toca a cada um de nós examinar a parte com que contribuímos para a sinfonia amorosa ou para a dança macabra das palavras. Vamos mergulhar, por isso, no poço sombrio da má língua, procurando extrair — como Cristo sempre nos ajuda a fazer — luzes de vida das sombras da morte. Mas, antes, deixemos mais uma vez a palavra — vigorosíssima e realíssima palavra — ao Apóstolo São Tiago:

— *Se alguém não cair por palavra, esse é um homem perfeito, capaz de refrear todo o seu corpo. Quando pomos o freio na boca dos cavalos, para que nos obedeçam, governamos também todo o seu corpo. Vede também os navios: por grandes que sejam e embora agitados por ventos impetuosos, são governados com um pequeno leme à vontade do piloto. Assim também a língua é um pequeno membro, mas pode gloriar-se de grandes coisas. Considerai como uma pequena chama pode incendiar uma grande floresta! Também a língua é um fogo...* (Tg 3, 2-6).

Língua de cinza

Também a língua é um fogo. Existem fogos que purificam, aquecem e são fonte de energia. E existem fogos que destroem. A língua, como o fogo, é ambivalente. Antes, porém, de tratarmos das chamas, será oportuno que pensemos um pouco nas *cinzas*. Porque, de fato, há línguas que não têm as qualidades, positivas ou negativas, do fogo, mas são apenas cinzas apagadas, neutras.

É a essa *palavra-cinza* que Cristo dá o nome de palavra «ociosa», termo que também pode ser traduzido por palavra «vã», ou palavra «inútil» (cf. Mt 12, 36).

O que impressiona em Jesus é a dureza com que se refere a esse tipo de palavras, justamente após ter ensinado que a boca fala do que lhe transborda do coração, e de que o homem manifesta pela palavra o bom ou o mau tesouro que tem dentro de si: *Eu vos digo: no dia do juízo, os homens prestarão contas de toda a palavra ociosa que tiverem proferido. É por tuas palavras que serás justificado ou condenado* (cf. Mt 12, 34-36).

São afirmações enérgicas que fazem pensar e que talvez nos deixem perplexos. É natural que ao ouvi-las nos perguntemos se Jesus, ao falar assim, quis porventura reprovar toda espécie de fala ligeira, sem especial profundidade e proveito. Neste caso, estaria condenada, por exemplo, a prosa intranscendente e bem-humorada que se desenrola à volta da mesa numa comemoração familiar; ou o diálogo divertido no ônibus durante uma viagem de férias; ou a conversa de uma roda de amigos em torno de uma moderada cervejinha...

Quem conheça um pouco o Evangelho logo descartará essa interpretação rígida e desumana, pois bem sabe que o próprio Cristo manteve conversas de uma deliciosa simplicidade familiar com sua Mãe e São José, com os seus discípulos, com Marta, Maria e Lázaro... Jesus, «perfeito homem», não estava pregando a palavra de Deus a toda hora. Ele, quando era tempo de conversar familiarmente, fazia-o com singeleza e, sem dúvida — como deixa entrever o Evangelho —, alegremente e com uma boa dose de simpatia. Ora, esse diálogo não é palavra inútil, é palavra humana, palavra cordial, palavra afetuosa, palavra que alegra e que, deste modo, traz consigo a carga positiva do amor.

Palavra ociosa é outra coisa. É aquela que não carrega consigo nada de bom, porque está vazia de ideias e sentimentos e, portanto, é inútil para o amor.

Com esse tipo de palavras, sim, devemos preocupar-nos, e estar cientes de que prestaremos boas contas a Deus de todas elas: das palavras sem substância alguma, sem interesse, afeto, ajuda, alegria ou verdade, que ocupam com a sua estéril presença o lugar que deveriam ter ocupado palavras construtivas.

São palavras ociosas, sobretudo, as palavras gastas, formais e sem vida, que se dizem gélida e cansadamente na vida familiar, no relacionamento profissional, na conversa de amigos, quando o amor ou a amizade já se tornaram uma ruína decadente. Tais palavras rotineiras, sem calor nem cadência de afeto, sem vibração de pensamento, sem entusiasmo nem sonhos escondidos em seu bojo, são uma monótona e persistente chuva de cinzas, que vai sepultando o amor.

Famílias outrora unidas, amizades velhas que acabaram, sabem desse mau sabor de cinzas, que é apenas o gosto do vazio, do bolor da alma empobrecida, dos resíduos de ideais queimados.

Do seio do silêncio

As palavras que brotam desses corações são «ociosas» porque do coração vazio nada se consegue tirar e, em consequência, nada de válido se pode expressar nem transmitir; só palavras «vãs». Não estará precisamente aí o segredo do crescente vazio verbal, reflexo do vazio espiritual, patente em muitos homens e mulheres; e a explicação da progressiva redução do vocabulário empregado nas conversas habituais? Se, como é fácil comprovar, cada vez se usam menos palavras — e se usam de modo mais banal e redutivo —, é porque há no interior dos homens pouca riqueza de ideias, valores, reflexões, sentimentos e ideais; é porque o egoísmo predominante num mundo materialista está a espalhar na sociedade — como na *História sem fim*, de Michael Ende — o império do Nada, que tudo devora e reduz a si mesmo: a nada!

É neste ponto que se torna urgente falar no *silêncio*, matriz fecunda da palavra. Há pobreza de palavras porque há pobreza de silêncio. Toda a palavra vale aquilo que valer a sua raiz, que é o silêncio. Pois só são grandes e valiosas as palavras que se geraram no seio do silêncio reflexivo, amoroso e orante.

Muitos são os que mergulham no silêncio apenas para «fugir», para dormir; ou utilizam mil técnicas a fim de atingir um silêncio simplesmente relaxante; ou exercitam a «meditação» com o pensamento bloqueado, suspenso num vácuo silencioso, em que julgam elevar-se... e apenas dormitam. Sem darem por isso, buscam a paz do espírito na cinza, isto é, no vazio. Quando, na realidade, é preciso buscá-la no Fogo, ou seja, na Verdade e no Amor que vêm de Deus.

Só somos ricos se o formos diante de Deus, se não formos do gênero daquele rico-miserável de quem Cristo dizia que *entesoura para si mesmo e não é rico aos olhos de Deus* (Lc 12, 21).

Como andamos de riqueza interior? Que amadureceu, dentro de nós, no silêncio fecundo da reflexão, da leitura, da oração? É nesse seio escondido que se vai formando — com a graça de Deus e o nosso empenho — o verdadeiro «eu» de cada um de nós. Aí, no íntimo da alma do cristão que sabe orar, é que se elaboram em forma de critérios claros as luzes de Deus; aí, no silêncio sagrado do coração que reza, formam-se as convicções e enraízam-se as virtudes; aí se definem as linhas mestras da luta pessoal por melhorar cada dia um pouco mais; aí instala o seu laboratório permanente o amor, mestre de alquimias que transformam penas em alegrias, dificuldades em estímulos e mágoas em perdão. Quando um homem ou uma mulher, por terem amadurecido no silêncio, se vão tornando ricos aos olhos de Deus, desse seu «bom tesouro» podem ir tirando, sem ficarem pobres nem serem nunca monótonos, palavras eternamente vivas, que são como ramos viçosos a irromper em frutos, pela seiva de amor, verdade e Graça que os vivifica.

Um grande conhecedor da grandeza inefável do silêncio com Deus, Ernest Psichari, escrevia: «A esses grandes espaços de silêncio que atravessaram a minha vida, devo eu afinal tudo o que em mim possa haver de bom. Pobres daqueles que não conheceram o silêncio! O silêncio, que faz mal e que faz bem, que faz bem com o mal! O silêncio que desliza como um grande rio sem escolhos... Por muitas vezes ele veio ter comigo, como um mestre bem-amado, e parecia ser um pouco de céu que descia até o homem para o tornar melhor... Então, eu parava cheio de amor e de respeito, porque o silêncio é também o mestre do amor»[1].

Desses sagrados abismos de silêncio sai a palavra que dá vida, por ser reflexo e irradiação de Cristo, a Palavra que é Vida. Quem dera que pudéssemos dizer como São Paulo: *Cristo vive em mim!* (Gl 2, 20), porque então também Cristo falaria pela nossa boca.

---

(1) *Les voix qui crient dans le désert*, Paris, pp. 266-267.

JUÍZOS E PALAVRAS

A propósito de ladrões

Num ambiente social em que os meios de comunicação abordam diariamente o tema da corrupção, não é de estranhar que muitos, ao mesmo tempo que sentem ferver-lhes por dentro a indignação ante as notícias, repitam sem perceber palavras quase iguais a outras que já foram pronunciadas há perto de dois mil anos: *Graças te dou, ó Deus, porque não sou como os outros homens: ladrões, injustos...* O que talvez eles tenham esquecido é que essas palavras foram colocadas por Cristo na boca de uma figura que apresentou como paradigma da hipocrisia: o fariseu (cf. Lc 18, 11).

Pode ser que o leitor, ao ouvir mencionar esse aspecto, tenha comentado baixinho: — Mas pelo menos roubar, eu não roubo. Caso tenha feito assim, peço-lhe que não leve a mal uma pergunta:

— Será?...

— Que quer dizer com isso? Insinua por acaso que...

— Não, não desejo insinuar coisa alguma, apenas convidá-lo a uma reflexão que pode ser proveitosa a todos nós.

Quando pensamos que «nunca roubamos», sem dúvida temos em mente a certeza de que jamais nos apropriamos do dinheiro nem de objetos de valor de ninguém, não falsificamos cheques nem subtraímos cartões de crédito, não armamos arapucas para apanhar incautos, nem nos dedicamos a viver da trapaça. Quanto a isso, não há nenhuma dúvida.

No entanto, deveríamos cair na conta de que existem *bens* muito maiores do que as barras de ouro, as mansões e as contas bancárias: o *bom nome*, a *boa fama*, a *dignidade*.

Todo o ser humano tem o direito de ser respeitado na sua dignidade, um bem intocável que lhe pertence porque lhe foi dado, juntamente com a alma feita à imagem de Deus, pelo seu Criador. Tirar ou manchar injustamente o bom nome é roubar um tesouro muito mais valioso do que os bens materiais. «Todo ser humano — dizia ante a Assembleia Geral da ONU João Paulo II — tem uma dignidade que jamais poderá ser diminuída, ferida ou destruída, antes deve ser respeitada e protegida»[1].

Será que nunca privamos ninguém, pelo menos parcialmente, deste bem? Não teremos contribuído com as nossas críticas para sujar injustamente um nome ou enxovalhar uma reputação? Pois bem, a propósito de ladrões, talvez

---

(1) *Discurso*, 22-X-1979.

convenha pensar um pouco nesse assaltante engenhoso, insidioso e eficiente que é, não poucas vezes, a língua.

O mau juízo acende a má-língua

A faísca que costuma acender a chama incendiária da língua é o mau juízo. Primeiro pensamos, depois falamos, mesmo que a diferença entre ambos os atos — pensar e falar — seja de uma fração de segundo. Em todo caso, é evidente que, se falamos mal de alguém, é porque antes pensamos mal. Mais uma vez vem à lembrança a frase de Cristo que está no subsolo de todas estas páginas: *A língua fala daquilo de que está cheio o coração*.

Quando admitimos um mau juízo, é difícil que depois este não se traduza externamente, quer em atitudes — de antipatia, de menosprezo, de desconfiança... —, quer em comentários: «Não confio em Fulano», «o que será que está tramando esse aí...?», «vai ver que está fingindo...», «todos, nessa repartição, são desonestos»... Daí a cair na murmuração mais demolidora e feroz, e até mesmo a escorregar para a calúnia, vai somente um passo.

O novo *Catecismo da Igreja Católica*, que, com a sua rigorosa precisão de doutrina, nos vai ajudar frequentemente nas próximas páginas, quando trata do tema que agora nos ocupa, diz: «Torna-se culpado de *juízo temerário* aquele que, mesmo tacitamente, admite como verdadeiro, sem fundamento suficiente, um defeito moral no próximo» (n. 2477).

«Mesmo tacitamente», ou seja, mesmo sem falar. Basta o assentimento interior, basta «admitir como verdadeiro» por dentro, «sem fundamento suficiente», um erro moral ou alguma má intenção de alguém, para cair nesse pecado contra a justiça e a caridade, que muitas vezes pode ser grave. Por isso Cristo nos manda taxativamente: *Não julgueis e não sereis julgados; não condeneis e não sereis condenados... Porque do mesmo modo que julgardes, sereis também vós julgados* [por Deus] *e, com a medida com que tiverdes medido, também vós sereis medidos* (Lc 6, 37 e Mt 7, 2).

«Para evitar o juízo temerário — lemos ainda no *Catecismo* —, todos hão de cuidar de interpretar de modo favorável tanto quanto possível os pensamentos, as palavras e as ações do próximo» (n. 2478).

«Tanto quanto possível!» Aí está a chave que nos permite entender corretamente o que Jesus mandou. «Não julgueis» não significa um apelo à irreflexão ou à ingenuidade. Há erros alheios que não precisamos «julgar» por serem patentes; por exemplo, um crime cometido à vista de muitos. Em todos estes casos, porém, Deus nos pedirá a humildade de não entrarmos no terreno que só a Ele pertence, que é o juízo sobre o fundo último dos motivos e das intenções. Somente Deus vê no coração. É exatamente nesse contexto que foi escrita esta bela consideração de São Josemaria Escrivá: «Não admitas um mau pensamento de ninguém, mesmo que as palavras ou obras do interessado deem motivo para assim julgares razoavelmente»[2].

Mas o autor deste conselho não se contradiz quando no mesmo livro afirma que, às vezes, existe um «dever de julgar»[3]. É claro que não se refere apenas ao dever de ofício dos juízes; refere-se — pelo contexto — especialmente ao dever que têm todos aqueles que são responsáveis por outrem: pais, autoridades, empregadores, encarregados, professores... Julgar, nestes casos — sempre, como é óbvio, «com fundamento

---

(2) Josemaria Escrivá, *Caminho*, 10ª ed., Quadrante, São Paulo, 2015, n. 442.

(3) *Idem*, n. 463.

suficiente» —, é um verdadeiro dever de amor e de justiça, tanto para ajudar o interessado — aconselhando ou corrigindo —, como para prevenir possíveis males para outros. Não ofende, portanto, a Deus, nem lesa a dignidade do próximo quem, por exemplo, fecha a quatro chaves as garrafas de pinga ou de uísque após ter verificado que alguém já sumiu, lá em casa, com três delas... Da mesma forma, não julga mal a mãe que põe restrições a certas saídas noturnas do filho adolescente, ainda que este se sinta ferido de desconfiança, tendo em conta que o filho, por melhor que seja, certamente não é um arcanjo, e por isso sente ferver por dentro as mesmas más inclinações que qualquer outro ser humano, especialmente se se mete num ambiente propício para que elas aflorem.

Mas tudo o que acaba de ser dito não anula, absolutamente, o fato de que com demasiada frequência fazemos juízos «temerários», que — esses sim — ofendem a Deus e ao próximo. Como evitá-los, uma vez que surgem quase sem os percebermos? Além de crescer no amor e nas virtudes, de ter Deus mais metido dentro do coração, muito nos pode ajudar reconhecer o motivo íntimo desses nossos juízos críticos. É o que vamos considerar a seguir.

O menino em campo verde

O menino da cidade grande foi passar uns dias de férias ao campo, perto de uma represa. Passeando pela estrada que beirava a extensão infindável de lavouras primorosamente alinhadas, alguém comentou, entendido que era no assunto: «São de um japonês». Mas o menino do asfalto não escutava, porque os seus olhos se prendiam, cativados, a um grande campo em declive, coberto de folhinhas rendilhadas, de um verde belíssimo. Instintivamente, agachou-se e estendeu a mão para um dos molhos de folhinhas mais próximo da estrada. Chovera à noite e a terra estava fofa. Puxou. As folhinhas subiram com a mão, e de dentro da terra emergiu, presa a elas, uma linda forma de cone invertido de cor vermelho-alaranjada: acabava de descobrir a cenoura!

Se a nossa sinceridade fizesse a mesma coisa no campo da alma, puxando pelos juízos temerários até ver o que sai na raiz, veríamos emergir muitas «cenouras». Ou melhor, para não dar conotação negativa a essa simpática hortaliça, veríamos aparecer muitos tubérculos venenosos, dos quais os juízos temerários — e as palavras que a eles se seguem — são apenas as folhas.

Por que pensamos mal e acabamos falando mal? Sempre ou quase sempre é porque — como no *Hamlet* — «há algo de podre no reino da Dinamarca», ou seja, algo está contaminado na nossa alma.

Quais são, com efeito, as causas que nos movem a pensar e a falar mal dos outros? Vejamos apenas algumas.

O *orgulho* é a principal. A pessoa humilde reconhece os seus erros. A orgulhosa tem necessidade de justificá-los, desculpando-se e, sobretudo, convencendo-se de que os outros fazem como ele e provavelmente fazem bem pior. São muitos os que «focalizam as pessoas com as lentes deformadas dos seus próprios defeitos»[4]. Se eles são interesseiros, negar-se-ão a aceitar que o desinteresse dos outros seja autêntico: — Algo está por trás! Se eles são descontrolados e devassos, acharão hipócritas ou castrados os que são sóbrios e castos. Chegar-se-á até ao lamentável espetáculo que numerosas publicações oferecem hoje em dia: uma verdadeira sanha compulsiva

---

(4) Josemaria Escrivá, *Sulco*, 3ª ed., Quadrante, São Paulo, 2014, n. 644.

que se empenha em destruir famas verdadeiras, prestígios merecidos e heroísmos autênticos de uma porção de grandes figuras da história, da pátria, da Igreja. As almas sujas, covardes e medíocres arremessam o seu orgulho de anões vencidos em forma de demolição de grandezas.

«É — comenta São Josemaria Escrivá — como se alguns usassem continuamente umas viseiras que lhes alterassem a visão. Não acreditam, por princípio, que seja possível a retidão ou, ao menos, a luta constante por comportar-se bem. Como diz o antigo adágio filosófico, recebem tudo segundo a forma do recipiente: em sua prévia deformação. Para eles, até as coisas mais retas refletem, apesar de tudo, uma atitude retorcida que adota hipocritamente a aparência de bondade. "Quando descobrem claramente o bem — escreve São Gregório —, esquadrinham tudo para examinar se, além disso, não haverá algum mal oculto"»[5].

Ao lado do orgulho, quem não sabe que a *inveja* corrompe também o juízo e afia a língua? Para a moça feia, a bonita necessariamente será burra ou leviana. Para o preguiçoso, que não foi capaz de levar avante um trabalho sério, o honesto profissional bem--sucedido — e bem «suado» — terá galgado o êxito baseando-se em falcatruas ou influências políticas. E para o torcedor de bandeira abaixada, o outro time terá comprado o juiz. «A maledicência é filha da inveja; e a inveja, o refúgio dos infecundos»[6].

Como é diferente a reação da pessoa sincera, que tem ideais nobres e luta seriamente por eles! Uma pessoa assim tende, por instinto, a ser benevolente e

---

(5) Josemaria Escrivá, *É Cristo que passa*, 4ª ed., Quadrante, São Paulo, 2014, n. 67.

(6) Josemaria Escrivá, *Sulco*, n. 912.

compreensiva, porque possui experiência de duas coisas: em primeiro lugar, de que o bem que queremos fazer com a melhor boa vontade é muito trabalhoso; e, por outro lado, que nem sempre o que «conseguimos» após sinceros e continuados esforços corresponde ao que honestamente «tentamos». Essa experiência, que nos faz desejar a compreensão dos outros para conosco, leva-nos a ser também compreensivos para com eles.

LÍNGUAS COMO ESPADAS

Alargando feridas

Falando dos seus perseguidores maldizentes, Davi clamava ao Deus Altíssimo e dizia-lhe: *Seus dentes são como lanças e flechas, suas línguas como espadas afiadas* (Sl 57, 5).

A língua maldizente é uma arma terrível, por vezes letal. Como já considerávamos anteriormente, com ela fere-se e pode-se até destruir o bem precioso da fama, da boa reputação.

A espada da língua desfere sobretudo duas perigosas estocadas: a *maledicência* (também chamada difamação ou detração), que é praticada por «aquele que, sem razão objetivamente válida, revela a pessoas que não o sabem os defeitos e faltas de outros»; e a *calúnia*, pecado que comete quem, «por palavras contrárias à verdade, prejudica a reputação dos outros e dá ocasião a falsos juízos a respeito deles» (*Catecismo da Igreja Católica*, n. 2477).

Após mostrar, nas definições anteriores, os ferimentos causados pela espada da língua, o novo *Catecismo* diagnostica-lhes o alcance: «Maledicência e calúnia destroem a *reputação do próximo*. E a honra é o testemunho social prestado à dignidade humana. Todos gozam de um direito natural à honra do próprio nome, à sua reputação e ao seu respeito. Dessa forma, a maledicência e a calúnia ferem as virtudes da justiça e da caridade» (n. 2479).

Talvez tenhamos lido esses textos, achando-os muito exatos, mas não lhes tenhamos prestado a devida atenção. Imaginemos uma pessoa que os apreciou, louvando a clareza de doutrina do *Catecismo*. Como reagiria se lhe disséssemos, com uma ponta de ironia, no meio de uma conversa em que criticou parentes com a maior naturalidade:

— Você está pecando por maledicência!

— Como? — retrucaria, provavelmente, com ar de inocência —; se o que acabo de dizer é a verdade!

— Justamente! O pecado de *maledicência* consiste em divulgar, entre pessoas que não os conhecem e sem razão objetivamente válida, defeitos e faltas *reais* dos outros. A circunstância de os fatos serem verdadeiros não torna lícito que os divulguemos.

Estamos aqui, na realidade, perante um dos aspectos mais sérios e mais belos da doutrina cristã sobre o respeito à dignidade e à fama do próximo.

Lembremo-nos de que — como já víamos antes — todo ser humano possui a imensa dignidade que lhe confere o fato de ter sido «querido por si mesmo» por Deus e criado à sua imagem. O cristão, além disso, sabe-se elevado pela graça à condição de filho de Deus e participante da própria natureza divina (cf. 2 Pe 1, 4).

Deve-se acrescentar a isso que a misericórdia de Deus não condena ninguém, nesta terra, a ficar «prisioneiro perpétuo dos próprios erros». Todos somos moralmente «plásticos», maleáveis, ou seja, podemos mudar. A nossa história é, aos olhos de Deus, até a morte, uma história aberta, porque a qualquer instante a nossa vida pode ser purificada, completada, restaurada, dignificada, elevada até aos mais altos cumes da perfeição e do amor. Portanto, enquanto vivemos, nenhuma mancha é indelével nem nos define para sempre. Não há um só pecado que nos manche irreparavelmente com a sua sujidade: quer seja a inconstância, a desonestidade, a mentira ou a luxúria... A graça pode fazer do covarde um forte, do mentiroso um irradiador da verdade e de um devasso um casto...

A maledicência, no entanto, tem o efeito de «tingir» a honra com uma tinta difícil de limpar. Quer queiramos, quer não, a pessoa que criticamos fica «marcada», e em muitos casos essa imagem negativa que passamos é a que vai permanecer. E, dado que a língua *é um fogo* (Tg 3, 6), o incêndio tende a alastrar-se. A murmuração passa facilmente de boca em boca, até criar uma «má reputação», uma «fama», que acompanhará a pessoa como a sombra. Não importa que o erro criticado tenha sido episódico, correspondendo apenas — moralmente falando — a uma má fase da vida, nem que já tenha sido corrigido e reparado. O «tingido» pela má-língua, em muitos casos, ficará sendo ante a opinião dos outros «o homem desonesto», «a mulher falsa», «o médico irresponsável» ou «o advogado picareta»...

Esta má fama, além de ferir a pessoa atingida, torna-se um empecilho que lhe dificulta a prática do bem. Como pode gozar de autoridade moral um pai desprestigiado pela difamação aos olhos dos seus filhos ou um professor entre os seus alunos? E, no entanto, pessoas boas, que tiveram fraquezas e têm — como todos — defeitos, se lhes fosse respeitada a boa fama, poderiam fazer um bem muito maior. Daí que o maldizente não só peque contra a caridade — magoando, fazendo sofrer o criticado —, mas sobretudo contra a *justiça*, desrespeitando um direito e roubando um grande bem.

Não será demais recordar aqui que o fato de uma pessoa ocupar um cargo público — um político, um magistrado, um governante — não torna «pública», do domínio público, a sua vida privada. Comentar faltas puramente pessoais — de âmbito estritamente particular — de um homem público, faltas que não afetam nem põem em perigo o bom desempenho da sua missão, é uma maledicência tanto ou mais grave do que a difamação de um simples cidadão.

Referindo-se sobretudo aos responsáveis pelos meios de comunicação, o novo *Catecismo* formula os critérios que uma consciência bem formada deve seguir: «Os responsáveis pela comunicação devem manter uma justa proporção entre as exigências do bem comum e o respeito dos direitos particulares. A ingerência da informação na vida privada de pessoas comprometidas numa atividade política ou pública é condenável na medida em que ela viola a sua intimidade e liberdade» (n. 2492).

Quando calar, quando falar?

A pauta que, habitualmente, uma pessoa reta deve seguir é a que marca, em breves palavras, o livro *Caminho*:

«Não faças crítica negativa; quando não puderes louvar, cala-te»[1].

A isto poderia objetar-se: — «Mas Cristo não se calou!»

Certamente, no Evangelho recolhem-se invectivas fortes de Jesus contra os escribas e fariseus «hipócritas», invectivas com as quais o Senhor desmascara publicamente erros e pecados muito concretos: *Devorais as casas das viúvas, fingindo fazer longas orações...; pagais o dízimo da hortelã, do endro e do cominho, e desprezais os preceitos mais importantes da Lei: a justiça, a misericórdia, a fidelidade...; limpais por fora o copo, e por dentro estais cheios de roubo e de intemperança...; pareceis justos aos olhos dos homens, mas por dentro estais cheios de hipocrisia e de iniquidade* (cf. Mt 23, 14 e segs.).

Como se entende que Cristo deixe a descoberto as faltas morais de uns

---

(1) N. 443.

homens que, como Ele próprio diz, têm boa reputação: *Pareceis justos aos olhos dos homens?* Aparentemente, isto contradiz a doutrina que acabamos de expor há um instante.

Para desfazer esta aparente contradição, pensemos, em primeiro lugar: podemos porventura apontar uma única ocasião em que Jesus comentasse com outros ou falasse em público de misérias e faltas pessoais que fossem apenas manifestação da fraqueza humana? Vasculhemos o Evangelho, e nada encontraremos. Só veremos misericórdia para com a miséria moral da pobre mulher adúltera, piedade para com o pai do menino doente que tinha uma fé fraca, mão estendida ao fiscal pouco liso, mas predisposto à generosidade, chamado Zaqueu... Tanta misericórdia, que o Senhor é criticado por ser *amigo de publicanos e pecadores* (cf. Lc 7, 34).

Quer dizer que o exemplo que Jesus nos dá constantemente é o de calar com mansidão, compreender e entregar-se com toda a alma, com infinito amor, à tarefa de levar os pecadores ao arrependimento e ao perdão.

Mas há um caso em que não permanece calado, e é quando se defronta com hipócritas que, amparando-se na autoridade de que gozavam diante do povo — como era o caso dos escribas e fariseus — enganavam-no, afastavam-no da autenticidade da fé, aproveitavam-se da sua ignorância. Um novo elemento entra aqui em jogo: o *bem de terceiros* ou o *bem público*. E então as coisas mudam. Quando está ameaçado o bem comum, especialmente o dos mais pequeninos, o dos inocentes, falar dos erros e defeitos com que outros lhes causam dano torna-se um dever.

Por isso, o novo *Catecismo* ensina — como sempre fez a Igreja — que pode haver «razões objetivamente válidas» para dar a conhecer a quem os ignora os defeitos morais do próximo.

Tal é o caso do jornalista consciencioso que se sente no dever de denunciar desonestidades comprovadas, em questões administrativas, de um político ou de um candidato, pois é presumível com fundamento — com «razões válidas» — que venha a malversar os bens públicos. Ou, então, o caso do aluno que informa a diretoria do colégio da atuação comprovadamente corruptora de um professor. Nestes casos, o bem de uma comunidade exige a denúncia, sempre por justiça e por caridade com os demais.

Há ainda outras circunstâncias em que dar a conhecer o defeito moral oculto de uma pessoa é lícito, e pode até mesmo constituir um dever. Os bons moralistas apontam, entre outras, as seguintes:

— o bem de uma *pessoa inocente*: é lícito, sem dúvida alguma, prevenir um amigo, um parente, uma colega de estudos ou de trabalho, de que a pessoa com quem namora está ocultando uma conduta ou uns fatos que, se vierem a saber-se depois do casamento, poderão ocasionar graves problemas; por exemplo, revelar que tal pessoa esconde que tem um filho, ou que é viciada em heroína, ou que é fugitiva da justiça em outro Estado. Ou ainda avisar um profissional de boa-fé de que alguém que postula um cargo de confiança na sua empresa tem um longo histórico de trapaças.

— o *bem próprio* justifica também que se divulguem faltas morais alheias ocultas, como é óbvio no caso de uma pessoa falsamente acusada, que pode aduzir provas sobre quem é o verdadeiro culpado. Também é lícito, evidentemente, revelar mazelas morais de pessoas que nos são próximas, para pedir conselho a quem nos possa orientar: ao sacerdote, a um amigo experiente, a uma boa psicóloga, ao pai ou à mãe...

Sempre fica claro, em todos estes casos, que são a justiça e o amor que imperam: é *por* justiça e *por* amor que se fala, da mesma maneira que é *por* justiça e *por* amor que a regra geral é calar-se. O pecado de maledicência é a crítica *negativa*, reveladora de mesquinhez de alma. «Fazer crítica, destruir, não é difícil: o último aprendiz de pedreiro sabe cravar a sua ferramenta na pedra nobre e bela de uma catedral. Construir: esse é trabalho que requer mestres»[2].

O dente da cobra

A *maledicência* mexe nas feridas — nos defeitos morais —, torna-as ostensivas e as infecciona. A *calúnia* morde num membro são — num aspecto da conduta do próximo que é sadio — e instila-lhe veneno mortífero. Caluniar é falar mal dos outros, mas acrescentando

---

(2) Josemaria Escrivá, *Caminho*, n. 456.

à crítica a mentira: «Por palavras contrárias à verdade, prejudica a reputação dos outros e dá ocasião a falsos juízos a respeito deles» (*Catecismo da Igreja Católica*, n. 2477).

Toda calúnia é uma infâmia e traz, mais vincada ainda que a maledicência, a marca da *injustiça*.

Se qualquer agressão verbal mostra o que há no coração de quem fala, a calúnia denota uma alma especialmente sórdida: porque a calúnia ou é filha da frivolidade irresponsável, que repete falsidades sem apurá-las, pelo prazer de maldizer; ou visa maldosamente destruir, afundar, denegrir, fazer mal. Entram aí na dança as paixões mais repulsivas, e especialmente o ódio e a inveja vicejam como no seu *habitat* predileto.

Infelizmente, caluniar transformou-se num «esporte social», que com demasiada frequência se pratica nas conversas privadas e nos meios de comunicação. Há como que uma espécie de compulsão de servir a toda hora, de bandeja, reputações dilaceradas, como Salomé «serviu» a Herodes a cabeça de São João Batista; com a mesma futilidade e o mesmo sorriso desavergonhado (cf. Mc 6, 28).

Dizem-se e escrevem-se autênticas aberrações sem fundamento, baseadas muitas vezes numa simples suspeita, no que «se diz» (isto é, no que alguma pessoa mal-intencionada ou irrefletida comentou), no que «se escreve naquele país», ou no que «interessa» afinal combater, com quaisquer armas e a qualquer preço — a começar pela mentira —, por razões ideológicas, políticas ou econômicas. Desta forma, leviana ou maliciosamente, soterram-se pessoas e instituições debaixo de toneladas de lama e se lhes envenena, com dente de cobra peçonhenta, o sangue limpo da reputação.

Os mais cínicos tentarão justificar-se dizendo que não «afirmam», apenas levantam uma hipótese com base em indícios, ou no «dever de informar», pois se trata de coisas muito comentadas por aí. São conhecidos, nos manuais de Ética jornalística, exemplos de desonestidade caluniosa, como os destas hipotéticas manchetes sensacionalistas: «Nada indica que o Cardeal de Paris esteja realmente envolvido no crime sexual do Bois de Boulogne», ou «Não há indícios da participação ativa do Primeiro Ministro no *affaire* das drogas». Maneiras indiretas — ou diretíssimas? — de caluniar inocentes, ligando os seus nomes a crimes com os quais nem remotamente têm nada a ver.

Qualquer pessoa medianamente inteligente sabe que um mesmo fato pode ser apresentado com mil tonalidades. E a «tonalidade», ou o ângulo de visão, é outra forma de caluniar. Pode-se escrever, por exemplo: «O vigário da igreja de São Bráulio, estando com uma idade em que já teria o direito de gozar de um merecido descanso, sobretudo após a operação de três pontes de safena que sofreu há poucos meses, continua labutando corajosamente para levar avante o projeto de uma sede social destinada ao atendimento dos necessitados, apesar das dificuldades existentes para levantar fundos neste tempo de crise».

Eis o mesmo fato, em outra versão de veneno anticatólico: «Quem tiver a curiosidade de passar pela igreja de São Bráulio pode apostar que ouvirá um padre que — como a maioria dos seus congêneres — só sabe falar do único "deus" que realmente cultua, o dinheiro. Tome cuidado com a sua carteira, pois o reverendo tentará entrar de assalto nela com o conhecido conto da construção de um centro social». De maneira parecida, como todo o mundo sabe, jorram litros de tinta para ridicularizar e ferretoar as mais nobres intenções, as organizações mais respeitáveis e as mais sérias iniciativas. Bem dizia Rubem Braga, falando da profissão jornalística: «Imprudente ofício é este de viver em voz alta». Precisa-se de ter muito «boa» voz!

Os caluniadores e os «mercadores da suspeita»[3] pecam, quase sempre gravemente, contra a justiça, e fica-lhes na consciência uma obrigação estrita, sem a qual não podem esperar o perdão de Deus nem nesta vida, nem na outra: a obrigação de *reparar*, de retificar, de restituir a fama injustamente lesada. Também o maldizente — que mexeu em feridas reais — deve fazer o possível por contrarrestar o mal que causou denegrindo reputações. Bem claro é a este respeito o novo *Catecismo*, reafirmando a doutrina perene da Igreja:

«Toda falta cometida contra a justiça e a verdade impõe o *dever de reparação*, mesmo que o seu autor tenha sido

---

(3) Cf. Josemaria Escrivá, *É Cristo que passa*, n. 69.

perdoado. Quando se torna impossível reparar um erro publicamente, deve-se fazê-lo secretamente; se aquele que sofreu o prejuízo não pode ser diretamente indenizado, deve-se dar-lhe satisfação moralmente, em nome da caridade. Esse dever de reparação se refere também às faltas cometidas contra a reputação de alguém. Essa reparação, moral e às vezes material, será avaliada na proporção do dano causado e obriga em consciência» (n. 2487).

Referindo-nos à calúnia, assomamos já ao âmbito da mentira outra água amarga que jorra da fonte da língua. Vamos, pois, entrar em cheio, na última parte desta obra, no campo em que a verdade e a mentira se debatem.

PALAVRA E VERDADE

A PONTE DA VERDADE

Renunciai à mentira. Fale cada um ao seu próximo a verdade (Ef 4, 25).

Lembrávamos acima versos despretensiosos de uma canção: «Palavra é a ponte onde o amor vai e vem». A autenticidade simples dessa frase seria a mesma se dissesse: «Palavra é a ponte onde a verdade vai e vem». Foi para isso que Deus nos deu também o dom precioso da fala: «A palavra tem por finalidade comunicar a outros a verdade conhecida» (*Catecismo da Igreja Católica*, n. 2485).

A palavra é a ponte, a janela aberta das almas que se comunicam. Deve ser, portanto, o reflexo sincero do que há dentro delas: dos pensamentos, dos conhecimentos, das intenções, do que se sente... Em suma, a palavra tem que ser a tocha que transporte a luz da verdade. Como veremos adiante, algumas vezes poderá ser conveniente, e até necessário, resguardar, sob o véu do silêncio, algumas verdades que, pelas circunstâncias, poderiam ferir, ser profanadas ou machucar vistas ainda fracas... Mas o que jamais se pode fazer é converter a língua em tocha portadora da fumaça da mentira.

Só Deus é a fonte da verdade, Ele, que é a Verdade essencial e absoluta, da qual toda a verdade é apenas o resplendor. Cristo, Deus feito homem, é, em si mesmo, *a Verdade* (Jo 14, 6), *a luz verdadeira que [...] ilumina todo homem* (Jo 1, 9). Aos primeiros cristãos, diz São Paulo: *Em tempos, éreis trevas, mas agora sois luz no Senhor. Procedei como filhos da luz, pois o fruto da luz consiste em toda a sorte de bondade, de justiça e de verdade* (Ef 5, 8-9). E São João, escrevendo a Gaio: *Alegrei-me muito com a vinda dos irmãos e com o testemunho que deram da tua verdade, de como andas na verdade. Não tenho maior alegria do que ouvir dizer que os meus filhos caminham na verdade* (3 Jo, 3-4).

A verdade é o terreno de Deus: tanto a verdade sobre o ser e o sentido de Deus, do mundo e do homem, como a *verdade no fundo do coração* (Sl 51, 8), isto é, a sinceridade nos pensamentos e nas palavras. Entende-se, por isso, que uma das mais sentidas recriminações de Cristo aos seus opositores fosse: *Agora procurais tirar-me a vida, a mim que vos falei a verdade* (Jo 8, 40).

Se a verdade é o terreno de Deus, a mentira é o território do diabo. Todo aquele que foge da verdade, que a odeia, que a encobre, que a macula mentindo, está no terreno do «príncipe das trevas». Têm uma força tremenda as palavras dirigidas por Jesus a uns corações obcecados pela soberba e obstinados em rejeitar a verdade: *Vós tendes como pai o demônio e quereis fazer os desejos do vosso pai. Ele era homicida desde o princípio* [pois introduziu no mundo a morte das almas e dos corpos, enganando os nossos primeiros pais] *e não permaneceu na verdade, porque a verdade não está nele. Quando diz a mentira, fala do que lhe é próprio, porque é mentiroso e pai da mentira* (Jo 8, 44).

Estas palavras de Cristo colocam-nos perante uma realidade sombria, que não é possível ignorar. Se Deus *é luz e nele não há treva alguma* (1 Jo 1, 5), se Cristo é *a luz verdadeira que, vindo ao mundo, ilumina todo o homem* (Jo 1, 9), o diabo, pelo contrário, é o *pai da mentira*, a tal ponto que a mentira é «o que lhe é próprio», o seu sinal característico.

Mas o «pai da mentira» é destro no ofício de mentir. Raras vezes sugere grossas mentiras sem máscara. Pode ser que lhe poupem esforços os homens já embotados pelo mal e proclives a admitir facilmente qualquer falsidade. Mas o habitual é que o diabo atue na penumbra. Costuma operar deixando entrever equívocos que apresentam a mentira com aparências de verdade. O Maligno gosta do nevoeiro, onde todo perfil é ambíguo, toda sombra pode ser «interpretada» e todo vulto pode ser posto em dúvida. É no caldo de cultura da ignorância, da dúvida, das impressões subjetivas («eu não acho», «para mim é...») e do relativismo («nada é verdadeiro, tudo é relativo») que o diabo cria cuidadosamente a sua filha predileta, a mentira. Tudo na neblina, nada na luz clara, diáfana, precisa, pois esse é o campo da Verdade. Por isso, Satanás não se cansa de sussurrar, com ar de sapiência: — «Tudo pode ser verdade, porque cada qual faz a "sua" verdade». Na realidade, dizer que tudo é verdade é exatamente a mesma coisa que dizer que nada é verdade ou que não existe nenhuma «verdade verdadeira».

A MENTIRA DO «MUNDO»

A estalagem do mundo

O escritor francês Ernest Hello, ardente paladino da Verdade, compara o mundo à estalagem de Belém, que na noite de Natal fechou as portas à Sagrada Família: *porque não havia lugar para eles na hospedaria,* como regista laconicamente São Lucas (Lc 2, 7).

Não havia lugar *para eles*. Para todos os outros, sempre se achava um canto ou se abria um espaço. Na «estalagem do mundo» há vaga para todas as mentiras, ainda que sejam contraditórias entre si; existe um respeitoso cantinho para todos os falsos deuses, mesmo que sejam inimigos. Só não há lugar para a Verdade, para Cristo.

É claro que Hello não fala aqui do mundo como obra de Deus — que reflete a beleza e a bondade do seu Criador, e por isso deve ser amado —, mas no sentido que frequentemente o Novo Testamento dá à palavra *mundo*. Com este nome, designa-se tudo aquilo que, no mundo, se opõe a Deus, e concretamente a massa de homens e mulheres que se erigiram a si mesmos em seu próprio *deus*, subtraindo-se ao domínio santo do Deus único. Trata-se daquela grande parte da humanidade que tem como ídolos — como os únicos deuses pelos quais se deixa dominar e aos quais serve — os do egoísmo: o poder e a glória, o dinheiro e a vaidade, o interesse e o prazer. O *mundo* é o reino do pecado.

Falando desse *mundo*, São João, o Apóstolo do amor extasiado e da fé invencível, diz categoricamente: *Sabemos que o mundo todo jaz sob o poder do Maligno* (1 Jo 5, 19). E, com a mesma rotunda nitidez, na sua primeira Carta, deixa estampada esta frase: *Não ameis o mundo nem as coisas do mundo [...], porque tudo o que há no mundo é concupiscência da carne, concupiscência* [ambiciosa] *dos olhos e orgulho da vida* (1 Jo 2, 16).

Como consequência lógica, esse *mundo* dominado pelo «pai da mentira» vive mergulhado na mentira, que é a sua respiração e o seu clima.

Voltemos agora a Hello, e deixemos-lhe a palavra. Vale a pena ouvi-lo longamente. O que ele escreve é tão sincero, tão extraordinariamente verídico, que parece a cada passo descobrir-nos o que no fundo todos já víamos, sem acabarmos de o perceber.

A confraternização dos falsos deuses

Antes da vinda de Cristo, no Panteon, na «hospedaria do mundo», convivia uma multidão de ídolos, inimigos entre si. Contudo, dentro da estalagem, «eles se espremiam sem se combater, apertavam-se sem se machucar e acotovelavam-se sem se incomodar. A razão disso é que estavam de acordo entre eles. Mas quando nasceu o Sol, procedente de Belém, a gritaria foi geral. Os ídolos, que dormiam em sua paz, acordaram para travar combate: todos eles reconheceram o inimigo comum [Cristo], e foi possível então perceber por que não se haviam combatido uns aos outros. O segredo da sua calma estava na sua cumplicidade».

«Eis alguém — continua Hello — que adora um boi, e outro que adora uma couve. Esses dois homens não brigarão. Sem inconveniente algum, o adorador do boi adorará também um pouquinho a couve, para agradar; e o adorador da couve não recusará ao boi algumas genuflexões. Um misterioso acordo parece pairar sobre a imensa mentira e dizer aos homens que, se essa mentira é multiforme, não há motivo para preocupar-

-se por tão pouco: pois trata-se sempre da *mesma* mentira. A idolatria pode mudar de aspecto e de caráter; mas ela tranquiliza o idólatra porque, através de todos os objetos adorados, mostra sempre a mesma face: Sou eu mesma!»

Sobre o comum denominador da falsidade, as mentiras do mundo se entendem. O ecumenismo mais fácil é o ecumenismo das mentiras. Só ficam sobressaltadas e empunham as armas quando a Verdade bate à sua porta. Então Herodes persegue o Menino, então a *opinião* do mundo se arrepia e experimenta a necessidade de atacá-Lo por todos os meios, de desprestigiá-Lo — a Ele e à sua Igreja — com todas as calúnias, de achincalhá-Lo com toda a fúria. Um exemplo bem recente disso foi a reação de alguns setores da opinião pública do *mundo* contra a Encíclica *O esplendor da Verdade*, de João Paulo II.

Mas Ernest Hello não terminou ainda, e é importante escutá-lo até o final.

O mundo, dir-nos-á, não tem na sua hospedaria lugar algum para Cristo, mas de vez em quando sente a necessidade de admitir na estalagem alguns fragmentos da Verdade, para dar com eles maior prestígio às suas mentiras. Mais de uma vez, com efeito, cristãos de boa-fé se têm admirado de que certos meios de comunicação social, conhecidos por suas posições anticatólicas, acolham com destaque e até glosem elogiosamente algum pronunciamento do Papa ou algum critério moral tipicamente cristão. Hello tem algo a dizer a esse respeito:

«Quando o mundo diz a verdade, julga estar exprimindo uma opinião como qualquer outra; e quer que essa verdade esteja rodeada de mentiras e conviva harmoniosamente com elas. Quer que a verdade fique desonrada por infames companhias e, quando já a sujou a ponto de não ser mais possível reconhecê-la, então a tolera, porque já se tornou uma mentira. E essa mentira é preciosa, porque acoberta as outras, dá-lhes prestígio, toma-as sob a sua proteção, tira-lhes o que teriam de excessivamente violento, cru, ostensivo. Essa verdade transformada em mentira pelo tom, pelo contorno, pelo contexto, essa verdade acaba por confundir o bem e o mal, e a gente do mundo então fica contente.

«Nada engana com uma força e uma autoridade tão terrível como a verdade mal dita. Ela dá aos erros que a envolvem um peso que tais erros jamais teriam por si mesmos. Prestigia-os. A mistura de verdade e de erro produz, na boca do mundo, efeitos desastrosos. Dá à verdade a aparência de erro, ao erro a aparência da verdade. Faz com que o erro participe do respeito que é devido à verdade»[1].

Hello escrevia em fins do século XIX. As suas palavras têm uma atualidade

---

(1) Hello, *Textes choisis*, ed. Egloff, Friburgo, 1945, p. 161 e segs.

estarrecedora nos fins do século XX. A cada dia são maiores as misturas com que se compõem religiões, filosofias, superstições, cultos exóticos, «valores culturais» e místicas esotéricas ou mágicas. Todos eles procuram aureolar-se com algumas parcelas das verdades cristãs. Sincretismos, variegadas «sofias», holismos, espiritualismos, inaugurações de eras novas em novas constelações..., todos procurando prestigiar-se com pitadas de Cristianismo deturpado.

O sortimento de mentiras misturadas com cacos de verdade não tem fim. A ninguém se oculta que o «mercado das religiões» está mais fartamente abastecido que nunca. Nas suas prateleiras, cada qual pode encontrar alguma *religião*, *mística* ou *filosofia de vida* a seu gosto, a que melhor combine as tolerâncias, as fantasias, as consolações metapsíquicas, as facilidades e as tranquilizações baratas com o desejo do consumidor. Porque o que interessa ao *mundo* não é a *verdade*, mas a *aparência de verdade* que aconchegue do modo mais sutil e eficiente as paixões do egoísmo, que justifique e canonize a bandalheira, que proporcione «elevação mística» à crua miséria humana, sem obediência ao Deus vivo nem sacrifício amoroso.

A égua e o prematuro

A mentira do mundo é também, especialmente na atualidade, uma imensa falsificação dos conceitos sobre os *valores da vida*, que se pretende impor agressivamente como lei obrigatória. Essa tergiversação da verdade sobre o bem pessoal e social reivindica o direito de ser a única aceitável, e avança no ambiente com a força de uma enxurrada. Muitos meios de comunicação, professores, sociólogos, psicólogos etc., a despejam em lares, escolas e consultórios. E um bom número se deixa arrastar por ela.

Em janeiro de 1994, um importante jornal diário, não sem certa dose de regozijo, dedicou duas reportagens, ilustradas com fotografias, ao *drama* da égua Luna.

Era uma vez — ficou-se sabendo — uma formosa égua quarto-de-milha de crinas brancas e olhos azuis. Eis senão quando um plebeu pangaré, ironicamente chamado Príncipe, conseguiu um encontro furtivo com a puro-sangue, dele resultando o epicentro do drama: um potrinho sem classe estava a caminho.

Quando se soube que o dono da égua decidira abortar o indesejado potrinho sangue-sujo, desfraldaram-se imediatamente as nobres bandeiras da defesa da vida animal. «A União em Defesa do Cavalo e do Jegue — lê-se no jornal — pretende entrar hoje com medida cautelar contra o proprietário de Luna para tentar impedir o aborto do potro». A presidente dessa entidade, que também preside à

S.O.S Bicho, «anunciou que vai basear a ação judicial no artigo 64 da lei das contravenções penais, que proíbe submeter animais a tratamento cruel».

Por sua vez, o presidente da União Internacional Protetora dos Animais afirmou que, do ponto de vista da ética veterinária, o aborto só pode ser feito se for para salvar a égua ou o filhote[2].

Em todos os casos, o termo empregado em defesa do potrinho foi a dura palavra «aborto». Ninguém usou, por exemplo, o eufemismo «interrupção da gravidez», que parece reservar-se somente aos seres humanos. Seres humanos? Vejamos.

No mesmo jornal, e no mesmo dia em que se publicava uma das reportagens sobre o drama da égua, eram reproduzidas palavras de uma figura política lamentando que os prazos e modos de tramitação da revisão constitucional

---

(2) Cf. *O Estado de S.Paulo*, 14-I-1994, p. A14.

dificultassem a legitimação do aborto na Carta Magna. A personalidade achou por bem, nessa ocasião, informar o público de que o feto, antes de ter completado sete meses, não podia ser considerado propriamente «ser humano». Naturalmente, os motivos justificativos do aborto — pelo menos até os três ou quatro meses — pertenceriam à «consciência» ou à vontade da mãe, sem as restrições exigidas para proteger a vida animal.

Após ler as duas notícias, uma profunda sensação de mal-estar invadia o leitor medianamente sensato. Era patente que estávamos, mais uma vez, diante da Mentira, da maiúscula e mais absurda mentira. E, no entanto, muitos, com certeza, devem ter achado tudo perfeitamente natural. A *mentira do mundo* consegue deformar de tal modo as consciências, que se acha lógico punir seriamente quem maltratar um mico-leão, enquanto se brada apoio total à chacina de milhões de seres humanos indefesos, dentro do ventre materno.

Não era desses, certamente, um meu amigo que, por aqueles dias, triste e bem-humorado ao mesmo tempo, me dizia: «Preciso urgentemente que me ajude a recuperar a minha identidade. Nasci com menos de sete meses e, portanto, segundo a renomada figura política, não vim ao mundo como "ser humano". Por outro lado, nenhum S.O.S. Bicho se ocupou jamais de um "potrinho" gerado por um homem e uma mulher, o que é o meu caso. Por favor, diga-me! Quem sou? Se não posso ser considerado "humano" e não entro no catálogo dos "bichos", então não existo, estou inteiramente desprotegido neste estranho mundo, onde prender uma capivara é crime inafiançável, ao passo que matar um bebê é uma conquista dos direitos humanos».

Poderíamos passar agora para a televisão. Na tela colorida, a figura bem maquiada de uma conhecida psicóloga, num horário próprio para crianças, informa-nos com expressão angelical que há três classes de sexualidade: a homossexual, a heterossexual e a bissexual. Assim, tudo no mesmo nível, ou melhor, dando prioridade ao homossexualismo. A heterossexualidade — isto é, a normal (pelo menos entre os bichos) — era mencionada só no meio, de passagem, como se fosse coisa um tanto vergonhosa. Mais uma vez nos vemos envolvidos, como por um nevoeiro denso, pela *mentira do mundo*. Ora, essa e outras tantas enormes falsidades são propaladas a toda hora e de mil maneiras — em conferências, artigos, shows musicais, telenovelas etc. —, como uma enxurrada de esgoto que arrasa os valores límpidos, os que elevam o indivíduo, defendem os valores insubstituíveis da família e tornam digna e justa a vida social. Muitos estão cansados de ver por toda parte, no meio de um festival de hipocrisia, a defesa apenas do direito ao falso, ao perverso, ao sujo e ao anormal.

Especialmente penoso é ver mergulhar na *mentira do mundo* um bom número daqueles e daquelas que, por vocação, têm a missão de difundir a verdade cristã. É lamentável vê-los cair — como diria Maritain — de joelhos ante a grande farsa do mundo, ansiosos por serem *modernos*, atualizados e aceitos. Prostram-se diante do mundo, para que este lhes afague a cabeça como a um cachorrinho. Então, acolhidos benevolamente pelo *mundo*, sentem-se felizes.

Esses pobres iludidos, em vez de iluminarem o mundo com a Verdade, deturpam-na para «adaptá-la» ao Grande Circo do Mundo: quer se trate do *dernier cri* do mais novo ramo da psiquiatria pansexualista, quer da dialética marxista — onde ainda estiver na crista da onda —, quer de estranhas teorias sobre verdades substancialmente mutantes conforme a «inculturação» e a cosmo-

-ecologia, no momento em que essas ideias, quase sempre manipuladas como ferramentas pelas ideologias, estão nas vitrines da moda. Assiste-se então ao deplorável espetáculo de pessoas chamadas por Deus para serem portadoras da Luz, rebaixando-se para dizer ao mundo as mentiras que o mundo está farto de dizer-se a si mesmo.

Não se deixar envolver pela Grande Mentira — a dos falsos valores, a da propaganda, a das modas, a do que «hoje em dia» todo o mundo pensa e faz — é um imenso desafio para os cristãos, que devem estar bem conscientes de que precisam de muita firmeza na fé e muita fortaleza de caráter para serem autênticos, para serem eles mesmos, para serem «diferentes», e não se deixarem envolver pelas aliciantes falsificações do *mundo*.

A LÍNGUA MENTIROSA

Honra à verdade

Após as anteriores reflexões sobre a *mentira do mundo*, convém-nos focalizar agora as mentiras, grandes e pequenas, da *vida cotidiana*.

Alguém, com humor um tanto pessimista, dizia que a mentira é um esporte tão amplamente praticado que bate de longe todos os demais e cada dia adquire técnicas e requintes de maior quilate.

Opinião semelhante era a do escritor que há anos deixou estampados estes comentários:

«Mente-se por palavras, mente-se por atos, mente-se por atitudes, mente-se por escrito, mente-se pelo silêncio, mente-se pelas curvaturas da espinha dorsal, mente-se pelo olhar, mente-se nas ruas, nas vitrines, nos negócios, nas escolas, nas assembleias, nas reuniões, mente-se despudoradamente»[1].

Uma repulsa como esta, acre e um tanto exagerada, manifesta «em negativo» um sentimento que está arraigado no fundo da alma de todos: o amor à verdade, o mal-estar que causa ver a verdade ofendida. Poucas coisas nos revoltam tanto como sermos vítimas de um engano, cair numa armadilha, sofrer uma fraude. A mentira dos outros causa-nos repugnância (ainda que nem sempre, infelizmente, nos causem o mesmo sentimento as nossas próprias mentiras).

E é natural que isso aconteça, pois a mentira «é uma profanação da palavra que tem por finalidade comunicar a outros a verdade conhecida. O propósito

---

(1) Gladstone Chaves de Melo, *O reino da mentira*, na revista *A Ordem*, vol. XLIII, n. 6, junho, 1950.

deliberado de induzir o próximo em erro por palavras contrárias à verdade constitui uma falta à justiça e à caridade» (*Catecismo da Igreja Católica*, n. 2485).

Todo ser humano, criado à imagem e semelhança de Deus, que é Luz e Verdade, «tende naturalmente para a verdade. É obrigado a honrá-la e testemunhá-la» (*ibid.*, n. 2467).

Quem foge da mentira, além de amar e honrar a verdade, honra e ama com isso o seu próximo. «Os homens — diz São Tomás de Aquino — não poderiam viver juntos se não tivessem *confiança recíproca*, quer dizer, se não manifestassem a verdade uns aos outros [...]. Um homem deve honestamente a um outro a manifestação da verdade» (cf. *ibid.*, n. 2469). Um ambiente em que não se sabe que terreno se está pisando, em que é preciso adivinhar sempre segundas intenções, em que só o esperto é que singra, torna-se irrespirável, um verdadeiro inferno.

Daí a importância que a doutrina cristã atribuiu, em todas as épocas, à virtude da sinceridade ou *veracidade*, «que consiste em mostrar-se verdadeiro no agir e no falar — como define o *Catecismo* —, guardando-se da duplicidade, da simulação e da hipocrisia» (n. 2468). Esta bela virtude, que Deus preceitua no oitavo mandamento da sua Lei — não levantar falso testemunho nem mentir —, apresenta, como uma alta montanha, *duas vertentes*: «A veracidade observa um justo meio entre o que deve ser expresso e o segredo que deve ser guardado; implica a honestidade e a discrição» (*ibid.*, n. 2469). Se falamos, falemos unicamente a verdade. Mas, quando o amor ou a justiça assim o exigirem, protejamos então a verdade com o silêncio.

Desonrar a verdade

A *veracidade* é uma peça mestra da vida moral e do convívio humano. É lógico, por isso, que a Bíblia afirme que *o*

Senhor odeia a língua mentirosa* (Pr 6, 17), e, em geral, a duplicidade, a simulação e a hipocrisia. (cf. Ec 5, 11; Sl 4, 3; Mt 23, 13 e segs.; Ap 21, 27 e 22, 15).

A mentira é muito mais do que um simples engano, ou um lapso do pensamento ou das palavras. Pertence à sua essência um ingrediente perverso, que é a «*intenção de enganar*». Assim definia Santo Agostinho essa filha espúria da língua: «A mentira consiste em dizer o que é falso com a intenção de enganar» (*De mendacio*, 4, 5).

A língua mentirosa quer deliberadamente despejar névoa escura na mente do próximo para ocultar assim a verdade. Ainda uma vez, devemos lembrar-nos de que Cristo nos diz que tudo o que sai da língua procede do coração. Mente-se sempre *por causa de algo*.

«Há as mentiras de conveniência, as mentiras diplomáticas, as mentiras administrativas, as mentiras de defesa, as mentiras profissionais, as mentiras engenhosas, as mentiras oficiais, as mentiras vitais»[2].

E, no bojo de todas elas, estão quase sempre:

— a *covardia*, o medo de enfrentar a verdade, para não ter que arcar corajosamente com as suas consequências ou para não precisar defendê-la;

— a *vaidade*, que nos leva a mentir, enfeitando os acontecimentos e atuações para sairmos engrandecidos; ou a desculpar-nos das falhas, e até mesmo a fazer recair sobre um inocente a responsabilidade das mesmas, a fim de não prejudicarmos a nossa «imagem»;

— o *interesse egoísta*, pai de inúmeras mentiras, pois para o egoísta «vale tudo» quando se trata de obter vantagens, estreitar relações convenientes, galgar posições, lucrar nos negócios ou fugir aos deveres penosos.

---

(2) G. Chaves de Melo, *op. cit.*, p. 68.

Não existe — não pode existir — uma fonte limpa de mentiras, e é por isso que *a mentira não se justifica jamais*, por motivo algum. «A mentira é condenável pela sua própria natureza [...]. O propósito deliberado de induzir o próximo em erro por palavras contrárias à verdade constitui (já o lembrávamos acima) uma falta à justiça e à caridade» (*Catecismo da Igreja Católica*, n. 2485).

Variações sobre um mesmo tema

A mentira é como a névoa. E, como a neblina, é mudadiça, variando constantemente os seus formatos. Neste sentido, é clássica a distinção das três principais espécies de mentiras.

Em primeiro lugar, encontra-se — quase intocada pelo mal — a *mentira jocosa*. Como indica o nome, é a mentira bem-humorada, proferida com a finalidade de brincar, por divertimento e sem intenção de ofender ninguém. Neste capítulo podem ser incluídas tanto as lorotas de 1º de abril como a sorridente afirmação da velha senhora de que tem pouco mais de quarenta anos.

Dizíamos que é uma mentira praticamente inocente, ainda que as brincadeiras possam proceder, às vezes, de sentimentos muito maldosos, e constituir por isso um pecado, até mesmo grave, contra a caridade: por exemplo, se se mente brincando para humilhar em público, ridicularizando-a, uma pessoa ingênua, defeituosa ou pouco inteligente.

Mas, se não existe essa conotação maldosa, essas mentiras, ainda que literalmente digam «o que é falso», não *mentem*, porque nem pretendem nem conseguem «induzir em erro» ninguém. Portanto, não constituem pecado algum.

Numa segunda categoria enquadram-se as *mentiras oficiosas*. O nome é clássico, na teologia moral, para designar a mentira «que tende a favorecer uma pessoa, grupo ou ideologia»[3]. É a mentira proferida em proveito próprio.

Essa é uma das primeiras mentiras que aprendemos em crianças: «Não fui eu que fiz», «não tinha ouvido», «perdi o dinheiro que o papai me deu» (gasto no carrinho da esquina, em pirulitos). As mais comuns, dentre as desta categoria, são as mentiras forjadas para evitar um castigo, um desgosto, um dever custoso, ou para furtar-se a um favor ou a um serviço que não temos vontade de prestar. Aí entra a série interminável de falsas «explicações» e «desculpas» que a nossa fraqueza nos leva a dizer para evitar maus bocados: «Não tive tempo», «perdi o ônibus», «fiquei doente» (com atestado médico anexo, tão falso quanto a escusa), «o chefe pediu-me que ficasse trabalhando até tarde»...

---

(3) R. Sada e A. Monroy, *Curso de Teologia Moral*, Ed. Rei dos Livros, Lisboa, 1989, p. 232.

E mais a prática estudantil da *cola* (que é mentirosa quando não se estudou e, portanto, se finge um saber que não se tem), bem como tantas outras mentiras e mentirinhas lançadas como névoa perfumada para «ficar bem».

Este tipo de enganos são verdadeiras *mentiras*, e por isso mesmo constituem sempre uma falta, um pecado, ainda que geralmente — como lembra o *Catecismo* da Igreja — não passem de pecado venial (n. 2484). Contudo, podem revestir-se de uma gravidade maior, e até muito grande, em diversas ocasiões: basta pensar no filho — mentiroso quanto à assistência às aulas — que defrauda a confiança e o sacrifício investido nele pelos pais; ou, num outro terreno, na força da mentira empregada na *propaganda* e nas *pesquisas de opinião* dirigidas a aliciar, com falsidade, o favor do público, mesmo que com essas mentiras não se chegue a causar um sério prejuízo aos iludidos, nem se prejudiquem terceiros, coisa de resto difícil de imaginar.

Mas, falando em prejuízos, já estamos entrando no campo do terceiro tipo de mentira, o pior deles: a *mentira danosa* ou *prejudicial*. O seu próprio nome a explica: mente-se, nestes casos, querendo causar um dano ou um prejuízo a alguém; ou então — mesmo que não haja intenção de prejudicar —, quando se sabe ou, pelo menos, se prevê que a mentira poderá causar um dano.

Enganos e símbolos

Não é preciso espremer muito os miolos para lembrar as inúmeras faces desta mentira: já víamos antes o caráter hediondo da calúnia, mentira danosa que conspurca reputações e chega a destruir vidas; poderíamos continuar a lista incluindo nela as fraudes nos negócios, as concorrências desleais, as licitações com cartas marcadas, as «recomendações» («pistolões») que guindam incapazes a funções de que ficam excluídos os que as merecem; as mentiras políticas ou administrativas de todo gênero, que causam enormes danos à nação, e com frequência aos mais desprotegidos; as desorientações morais de um mau conselheiro espiritual; as mentiras nos termos ou nos dados dos contratos; a ocultação de defeitos na máquina vendida; as falsificações, as vigarices e trapaças de toda a espécie.

Uma especial menção merece, neste capítulo, uma falácia, infelizmente prejudicial para muitíssimas pessoas. Refiro-me à insistente, martelante, diária propaganda sobre o uso do preservativo como o meio mais «seguro» para evitar a contaminação da *Aids*. As autoridades sanitárias responsáveis sabem bem, com dados que falam por si — e sobre os quais alguns não têm deixado de alertar — que esse meio se revela ineficaz para os fins pretendidos em, no mínimo, 30 a 40% dos casos. Isso significa que a propaganda do preservativo como *panaceia* para evitar esse flagelo — deixando de lado o caráter intrinsecamente ilícito desse meio — tem uma forte dose de mentira e é paradoxalmente uma das causas de que a doença se propague cada vez mais. Na realidade, um honesto posicionamento deveria levar a dizer, sem rebuços, que a *verdadeira* solução é a educação para a castidade e para a fidelidade conjugal.

Encerrando as considerações sobre a *mentira danosa*, convém recordar ainda dois princípios, referidos também pelo *Catecismo*, que toda a consciência cristã deveria gravar a fogo e meditar: a mentira «torna-se pecado mortal quando fere gravemente as virtudes da justiça e da caridade [...]. A culpabilidade é maior quando a intenção de enganar acarreta o risco de consequências funestas para aqueles que são desviados da verdade» (ns. 2484, 2485). E ainda, «toda falta cometida contra a justiça e a verdade impõe o *dever de reparar*» (n. 2487). Não pode ser aceito aos olhos de Deus o pretenso arrependimento acerca de uma mentira, quando não se está disposto a reparar quanto antes e por todos os meios viáveis as suas consequências nocivas.

Uma vez terminado o comentário sobre as três espécies de mentira, parece-nos ouvir a voz de um leitor ou leitora que pergunta:

— E a *mentira social*? Não vai falar dela?

A esse hipotético leitor responderíamos que a expressão «mentira social» é muito ambígua. Pode ser, então, que ele tenha a amabilidade de nos esclarecer:

— Ora, eu me refiro sobretudo à *mentira telefônica* e à *mentira gentil*, que não entraram na sua classificação. Por exemplo, ao caso do empresário que manda a secretária dizer que «está em reunião», simplesmente porque está ocupado... Ou à senhora que diz que o marido «não está aqui no momento» quando liga um maçador inoportuno... Ou a qualquer um de nós, que, quando vê uma criancinha horrível, diz à mãe: «Que gracinha, é linda!», e igualmente, após um almoço de gosto indefinível, mas não «inesquecível», diz à anfitriã: «Estava uma delícia»...

Realmente, não se pode ser mais claro. Acontece, porém, que a resposta ao desconcerto do ou da perguntante também é clara. Víamos acima que a linguagem é simbólica, que a palavra é «símbolo» que exprime algo que se quer comunicar. Quando o símbolo é equívoco ou «induz em erro», temos uma mentira. Quando é inequívoco, porque já se tornou uma forma de linguagem habitual, empregada constantemente para evitar expressões que poderiam ser grosseiras, ofensivas ou mal interpretadas, já não induz em erro, porque o «símbolo» é transparente para todos. Quer dizer que, nestes casos, não há «mentira», não existe a falta moral chamada «mentira». Por isso, a «mentira social e gentil» não entra nas classificações.

A VERDADE RESGUARDADA

A segunda vertente

Víamos antes que a *veracidade* é como uma alta montanha com duas vertentes. A primeira — a verdade «que deve ser expressa» — acaba de ser contemplada. Passemos agora para a segunda: «o segredo que deve ser guardado», a «discrição» (*Catecismo da Igreja Católica*, n. 2469).

Há um direito à verdade e há um direito ao silêncio. Há o dever de falar e há o dever de calar-se. Assim como muitas vezes a justiça e o amor exigem que a verdade seja manifestada ao próximo, em outras ocasiões mandam guardar silêncio para resguardar a verdade.

É oportuno, a este respeito, recordar um aspecto já citado dos ensinamentos do *Catecismo* sobre a mentira: «Mentir é induzir em erro aquele que *tem o direito* de conhecer a verdade» (n. 2483).

Sublinhamos de propósito a expressão «tem o direito», porque ela nos dá a chave desta segunda vertente. «*O direito à comunicação* da verdade não é incondicional. Cada um deve conformar a sua vida com o preceito evangélico do amor fraterno. Este requer, nas situações concretas, que se avalie se é conveniente ou não revelar a verdade àquele que a pede» (*ibid.*, n. 2488).

— É sempre oportuno dizer a um doente o grau de gravidade do seu mal?

— Às vezes, não é.

— Mas não é uma grave omissão esconder de um moribundo a situação crítica em que se encontra, impedindo-o de se preparar com a recepção dos últimos Sacramentos?

— Sem dúvida, é injustificável.

— Um marido deve deixar aflita a esposa narrando todos os detalhes da crise profissional que o ameaça, se não há necessidade ou uma clara conveniência? Não será mais caridoso evitar-lhe, serenamente e com um sorriso, um sofrimento perfeitamente inútil?

— Geralmente, sim.

— Pelo contrário, não deverá falar quando for preciso viver uma especial confiança e apoio mútuos, a fim de enfrentarem juntos a adversidade?

— Certamente, deverá.

Os casos são inúmeros, mas a «regra de ouro» é sempre a mesma: a caridade, a norma que Cristo nos ensinou: *Tudo o que quiserdes que os homens vos façam, fazei-o vós a eles* (Mt 7, 12).

O direito ao silêncio

Vivemos num mundo em que tudo se ventila publicamente. Parece que todos têm o direito de perguntar seja o que for da vida das pessoas, e que estas têm o dever de falar. Caso contrário, ficarão *sob suspeita*. Enfia-se o microfone e a câmera de televisão, sem que lhes tenham aberto as portas, na intimidade dos lares ou dos ambientes profissionais e religiosos. Propõem-se questionários, como condição prévia para seguir cursos simples, que mais parecem um inquérito policial sobre a vida particular. O mexerico é outro alto-falante, useiro e vezeiro, que espalha em público — entre amigos, parentes ou colegas — o que é de domínio estritamente privado.

Um simples senso de decência indica-nos que isto não está certo. E com razão. É um princípio incontrovertível da moral que todo homem tem o direito de manter reservados aqueles aspectos da vida, sobretudo da vida privada, sobre os quais os outros — perguntadores ou não perguntadores — não têm título algum; e tem também o direito de calar-se sobre todas as coisas particulares cuja divulgação «não serviria em nada ao bem comum e, pelo contrário, poderia prejudicar legítimos interesses pessoais, familiares ou de terceiros»[1].

É muito justa a indignação que provoca a intromissão inquisitiva de indivíduos e entidades na vida privada (sem excluir dessas entidades o Estado), e especialmente a da *mídia*. Uma indignação que expressava, com palavras francas e límpidas, São Josemaria Escrivá, comentando a curiosidade maligna dos fariseus (cf. Jo 9, 13 e segs.), que se recusavam a acreditar na explicação de um cego sobre a cura operada nele por Cristo: «Não custaria nenhum trabalho apontar em nossa época casos dessa curiosidade agressiva, que leva a indagar morbidamente da vida privada dos outros. Um mínimo senso de

---

(1) Cf. R. Sada e A. Monroy, *op. cit.*, p. 233.

justiça exige que, mesmo na investigação de um presumível delito, se proceda com cautela e moderação, sem tomar por certo o que é apenas uma possibilidade [...].

«Perante os mercadores da suspeita, que dão a impressão de organizarem um *tráfico da intimidade*, é preciso defender a dignidade de cada pessoa, seu direito ao silêncio. Costumam estar de acordo nesta defesa todos os homens honrados, sejam ou não cristãos, porque está em jogo um valor comum: a legítima decisão de cada qual de ser como é, de não se exibir, de conservar em justa e pudica reserva as suas alegrias, as suas penas e dores de família; e sobretudo de praticar o bem sem espetáculo, de ajudar os necessitados por puro amor, sem obrigação de publicar essas tarefas a serviço dos outros e, muito menos, de pôr a descoberto a intimidade da alma perante o olhar indiscreto e oblíquo de gente que nada sabe nem deseja saber da vida interior, a não ser para zombar impiamente. Mas como é difícil vermo-nos livres dessa agressividade xereta! Multiplicaram-se os métodos para não deixar o homem em paz»[2]...

É difícil ler estas palavras sem concordar apaixonadamente com elas. Em todo caso, não nos esqueçamos de que devemos começar aplicando-as a nós mesmos e às nossas curiosidades pessoais. Porventura temos a consciência clara de que constitui uma falta moral, um pecado, abrir ou ler cartas alheias, ou agendas, ou diários íntimos, sem a permissão da pessoa interessada? Ou revistar móveis e gavetas? Ou estar ocultamente à escuta, ou espiar às escondidas por frestas, janelas ou fechaduras? Ou pressionar alguém, atemorizando-o ou ameaçando-o de qualquer forma, para nos contar

---

(2) Josemaria Escrivá, *É Cristo que passa*, n. 69.

algo que não temos o menor direito de saber? Cada qual deveria fazer aqui o seu exame de consciência.

Voltando à «agressividade xereta» de que falávamos, é óbvio que a pessoa importunada por essas injustas intromissões tem todo o direito de se defender delas. Pode fazê-lo legitimamente de duas maneiras:

— pela *negativa*, recusando-se a falar, como é o caso de quem responde aos impertinentes que «nada tem a dizer», «nada a declarar».

— pela *evasiva*, que é perfeitamente lícita quando as circunstâncias, a educação etc., não permitem uma simples negativa. É claro que a evasiva não pode ser uma mentira — isto é, dizer algo *contrário* à realidade —, dado que um fim bom não justifica o emprego de um meio errado, como é mentir; mas pode ser, e assim será normalmente, uma *verdade parcial*, que, sem enganar o ouvinte, o informa de uma parte do que aconteceu e cobre com um véu de silêncio a outra parte, que o interlocutor enxerido não tem nenhum direito de conhecer. Vamos imaginar um pai que teve de se ausentar devido a problemas sérios de uma filha evadida do lar, problemas que não poderia divulgar sem difamá-la. Ao perguntador impertinente pode responder com «verdades parciais», que não encerram falsidade, mas não revelam o que deve ser resguardado, como por exemplo: «Tirei umas férias» (de fato tirou férias do trabalho habitual), ou «viajei a negócios», pois a expressão, em bom vernáculo, aplica-se também a assuntos familiares.

Diz-se que o silêncio é de ouro, e há ocasiões em que é mais do que ouro, porque é amor e justiça. Vamos considerar, ainda, algumas ocasiões em que a virtude consiste em permanecer calado.

O dever do silêncio

Se, em muitos casos, há o *direito* de calar-se, em outros existe o *dever*, a autêntica obrigação de calar-se.

Considerávamos antes o direito que todos temos de defender a nossa intimidade ante os olhos e ouvidos estranhos. A esse *direito* corresponde também um *dever*. Com efeito, toda pessoa que tiver conhecimento — quer por ter recebido uma confidência, quer por ter ficado a saber incidentalmente — de assuntos ou problemas pertencentes à intimidade de outras pessoas ou à vida interna de entidades (por exemplo, de uma empresa, de uma associação etc.), tem a *obrigação de guardar segredo* a esse respeito. A moral católica chama a esse dever «segredo natural», que afeta tudo aquilo que exige reserva por sua própria natureza, ou seja, tudo o que pertence apenas à esfera privada e não está destinado à publicidade.

Tal é o caso de quem soube — por ter ouvido involuntariamente uma conversa familiar — que uma moça está para desmanchar o casamento poucas semanas antes da cerimônia; ou de quem recebeu a confidência de um amigo sobre uma grande perda de dinheiro numa operação infeliz. Não se pode fazer uso desses conhecimentos. Deve-se respeitar a intimidade, a privacidade dos outros, como coisa sagrada.

A revelação de tais segredos constitui também uma falta contra as virtudes da *justiça* e da *caridade*, e se houve promessa de permeio — promessa de guardar o segredo, antes ou depois de conhecê-lo —, peca-se também contra a *fidelidade*, que é a bela virtude que leva a manter os compromissos. Infelizmente, não falta certa razão aos que, de uma forma um tanto cínica, afirmam: — Você quer divulgar rápida e amplamente alguma coisa?

É fácil. Conte-a a alguém, fazendo-lhe prometer que guardará segredo! Nada tem tanto poder de difusão como um bom segredo!

É patente que o dever do silêncio é especialmente grave quando entramos no âmbito do *segredo profissional*. O médico, a enfermeira, o advogado, o psicólogo, o militar, o engenheiro que trabalha num projeto sigiloso etc., recebem informações que só lhes são transmitidas contando com o compromisso prévio, expresso ou tácito, de guardar a mais estrita reserva sobre os dados ou fatos que vierem a conhecer. Se um profissional se tornasse amplificador de intimidades confidenciadas, ou levianamente indiscreto em matérias científicas ou industriais, a vida em sociedade tornar-se-ia impossível. Mais uma vez vêm à tona as palavras de São Tomás de Aquino já citadas, que neste contexto ganham um novo vigor: «Os homens não poderiam viver juntos se não tivessem *confiança recíproca*»[3].

Só em casos excepcionais, que a doutrina católica especifica, é que poderiam ser revelados os «segredos profissionais» ou as «confidências feitas sob sigilo». Concretamente, nos casos «em que a retenção dos segredos causasse àquele que os confia, àquele que os recebe ou a um terceiro prejuízos muito mais graves e somente evitáveis pela divulgação da verdade» (*Catecismo da Igreja Católica*, n. 2491).

É importante relembrar as duas condições que devem *concorrer, simultaneamente*, para justificar a revelação desses segredos:

— que manter o segredo cause *prejuízos muito mais graves* do que guardá-lo, quer àquele que o confiou, quer àquele que o recebeu ou a um terceiro.

---

(3) São Tomás de Aquino, *Suma Teológica*, II-II, 109, 3 ad 1.

Neste sentido, é sabido que um médico tem a obrigação de informar as autoridades competentes sobre a doença contagiosa de um paciente — mesmo que este não a queira revelar —, se esse silêncio acoberta um risco objetivo de contágio de outras pessoas ou de epidemia; e igualmente um funcionário pode e deve inclusive advertir um seu colega de uma tramoia injusta armada na empresa contra ele, ainda que lhe tenha sido contada com a condição prévia de guardar segredo;

— ao mesmo tempo, que esses prejuízos *só possam ser evitados* pela divulgação da verdade. Havendo outro meio, o segredo deve ser mantido.

Há somente uma exceção ao que se acaba de expor, um único caso em que jamais, por motivo algum, o segredo pode ser revelado: o segredo do Sacramento da Confissão. «O *sigilo do sacramento da Reconciliação* — diz o *Catecismo* — é sagrado e não pode ser traído sob nenhum pretexto» (n. 2490). Na Confissão, o sacerdote é instrumento de Deus que somente em nome de Deus e no âmbito da responsabilidade íntima de cada alma para com Deus ouve e absolve. Estamos, pois, diante de um terreno sagrado, que pertence exclusivamente a Deus. Aí deve imperar absolutamente o silêncio.

TOCHAS NA ESCURIDÃO

Como vimos nesta última parte, a nossa língua está frequentemente em perigo de ficar contaminada pela mentira e pela indiscrição, e é por isso que precisamos manter-nos vigilantes, zelando pela veracidade e prudência das nossas palavras.

Mas o ideal do cristão não se reduz, de modo algum, a manter a língua *limpa* dessas manchas. Vai muito além. Sendo a língua instrumento da palavra, deve ser, na vida do cristão, a ponte por onde passa a Palavra da Verdade, que é a mensagem de Cristo. Na nossa *língua*, por isso, deveria fulgurar muitas vezes — como luz para as inteligências e os corações dos homens — o clarão da verdade salvadora de Jesus.

É nesta perspectiva e perante esta responsabilidade que Cristo situa os que Ele escolhe — todos os cristãos, afinal, todos são os seus eleitos! (cf. Cl 3, 12) —, ao mesmo tempo que os envia, em seu nome, para que difundam no mundo *a palavra da verdade* (Ef 1, 13): *Vós sois a luz do mundo* [...]. *Brilhe a vossa luz diante dos homens* (Mt 5, 14.16).

Nesta nossa terra, parece que as trevas se adensam. O que aconteceu, quando da vinda de Cristo, repete-se novamente de maneira crítica: *A luz resplandece nas trevas, e as trevas não a compreendem* [...] *Estava no mundo, e o mundo não o conheceu* (cf. Jo 1, 9-10).

Mas, apesar da sua rejeição e da sua indiferença, o mundo sofre intimamente — mesmo sem reconhecê-lo — da falta da Verdade, da carência da autêntica, da imutável, da luminosa Verdade.

O mundo sente-se impotente — com desespero, tristeza e raiva — perante o seu imenso e crescente vazio. Não mais conseguem embromá-lo as experiências já gastas do desenfreio do sexo, nem as das empoladas fantasias esotéricas, nem as vaporosas ilusões mágicas. A falência cada vez maior de horizontes profundos e de esperanças seguras faz com que se tenha podido aplicar aos nossos dias esta triste alcunha: «o reino da depressão».

É uma incontrovertível realidade que o mundo, em todos os seus devaneios, em todas as suas inúteis procuras — como num errático voltear de pião —, em toda a sua vertiginosa desorientação, está a lançar um clamor cego, uma súplica surda, um pedido abafado, com as mesmas palavras de Goethe no leito de morte: — «Luz, mais luz!» E é dos cristãos, dos que — segundo escrevia São Paulo — vivem *da fé que opera pelo amor* (Gl 5, 6), que o mundo tem maior e mais urgente necessidade, pois só por meio daqueles em quem Cristo vive (cf. Gl 2, 20) é que poderá «ver» — como um cego que acorda —, e achará a claridade por que anseia, a *Luz verdadeira que, vindo ao mundo, ilumina todo homem* (Jo 1, 9).

Um antigo escritor, meditando sobre um Salmo que compara Cristo ao sol a cuja luz e calor nada se furta (Sl 19, 7), diz que os discípulos de Jesus, «iluminados por Ele, verdadeira e eterna luz, tornam-se também eles luz nas trevas. Sendo Ele o sol da justiça, não sem razão dá aos discípulos o nome de luz do mundo; porque por meio deles, quais raios resplandecentes, espalha pelo mundo inteiro a luz do seu conhecimento. E assim desaparecem dos corações humanos as trevas do erro, diante da luz da verdade»[1].

---

(1) São Cromácio, *Tratados sobre o Evangelho de São Mateus*, 5, 1.

Este belo comentário leva-nos a pensar, pela última vez, na frase de Cristo que tem sido, nestas páginas, um constante contraponto: *A língua fala daquilo de que o coração está cheio*. Sim, o sol brilha e ilumina porque arde, porque está incandescente. Da mesma forma, o cristão poderá transmitir através da palavra e da vida, sinceramente, a Verdade de Deus se estiver pessoalmente iluminado e aceso por essa mesma Verdade. Só então é que as suas palavras e o seu exemplo serão tochas na escuridão, pontos de luz que manterão no mundo — como gostava de dizer Mons. Escrivá — a sinalização divina.

Conhecer e amar a Verdade! Viver na Verdade! Fazer da língua um facho portador da Verdade! Eis a missão e a responsabilidade do cristão.

Se vivermos da fé, da infinita alegria da fé, procuraremos, como lembra o *Catecismo*, «as ocasiões para anunciar a Cristo pela palavra, seja aos descrentes, seja aos fiéis» (n. 905). Mas sem perder jamais de vista que toda e qualquer palavra cristã (palavra oportuna de instrução ou de esclarecimento, palavra de conselho, resposta afetuosa a dúvidas e perplexidades, confidência sobre as próprias convicções) ficará sendo apenas uma inconsistente miragem se não brotar do fundo da «Vida vivida», da Fé feita «carne da própria carne».

Justamente porque o mundo precisa da Verdade, necessita também, com sede ansiosa, do «exemplo eloquente e fascinante de uma vida totalmente transfigurada pelo esplendor da verdade [...]. E é particularmente *a vida de santidade*, resplandecente em tantos membros do Povo de Deus, humildes e com frequência despercebidos aos olhos dos homens, que constitui o caminho mais simples e cativante, onde é permitido perceber imediatamente a beleza da verdade, a força libertadora do amor de Deus»[2].

São Pedro, na sua segunda Epístola, compara a palavra de Verdade dos Profetas a *uma lâmpada que brilha em um lugar escuro, até que desponte o dia e a estrela da manhã se levante em vossos corações* (2 Pe 1, 19). É uma belíssima comparação, que deveria poder aplicar-se à nossa *língua*. Se as palavras nos nascessem do coração incandescentes pela Fé, chegariam aos outros fulgurantes de Esperança e seriam como a estrela da manhã que, nas mais densas trevas do mundo, anuncia o alvorecer de um novo dia, do dia da descoberta maravilhada e do encontro inefável com Cristo!

Esta radiante perspectiva era a que São Josemaria Escrivá apresentava, como um ideal de vida, a inúmeros cristãos — homens e mulheres comuns —

---

(2) João Paulo II, Encíclica *O Esplendor da Verdade*, ns. 93 e 107.

apaixonados pela Verdade, e a expressava com palavras que ficam como fecho final destas páginas:

«Filhos de Deus. — Portadores da única chama capaz de iluminar os caminhos terrenos das almas, do único fulgor em que nunca se poderão dar escuridões, penumbras ou sombras.

«O Senhor serve-se de nós como tochas, para que essa luz ilumine... De nós depende que muitos não permaneçam nas trevas, mas andem por caminhos que levam até à vida eterna»[3].

---

(3) Josemaria Escrivá, *Forja*, n. 1.

Direção geral
Renata Ferlin Sugai

Direção editorial
Hugo Langone

Produção editorial
Juliana Amato
Ronaldo Vasconcelos
Daniel Araújo

Capa
Provazi Design

Diagramação
Sérgio Ramalho

ESTE LIVRO ACABOU DE SE IMPRIMIR
A 16 DE JULHO DE 2023,
EM PAPEL OFFSET 75 g/m².